일빵빵 + 왕초보 중국어 1

일빵빵 +
왕초보 중국어 1

초판 제 1쇄 2016년 3월 2일
초판 제16쇄 2022년 7월 20일

저 자 ㅣ 일빵빵어학연구소
감 수 ㅣ 샤오잉 (인하대학교 교수)
펴 낸 곳 ㅣ 토마토출판사
표 지 ㅣ 엄인경
본 문 ㅣ 윤연경
주 소 ㅣ 서울특별시 마포구 양화로 161 727호
T E L ㅣ 1544-5383
홈페이지 ㅣ www.tomato4u.com
등 록 ㅣ 2012. 1. 11.

일빵빵
왕초보
中國語

1

토마토
출판사

일빵빵
왕초보중국어는

- 인터넷과 스마트폰으로
  언제, 어디서나 쉽게 공부할 수 있습니다.

- 일빵빵 왕초보 중국어는 초보자의 눈높이에 딱 맞는 난이도로,
  꼭 필요한 내용들을 골라 구성하였습니다.

- 가장 기본적인 발음부터 문법, 회화까지
  중국어의 기본기를 확실히 다질 수 있습니다.

이제, **일빵빵**과 함께
중국어의 첫걸음을 내딛어 보세요!

강의는 일빵빵 공식 유튜브 채널을 통해
무료로 들을 수 있습니다.

유튜브 검색창에 "일빵빵"을 검색해 보세요 .

일빵빵 공식 페이스북 | www.facebook.com/ilbangbang
일빵빵 공식 트위터 | www.twitter.com/ilbangbang
일빵빵 공식 인스타그램 | '일빵빵' 검색
일빵빵 공식 유튜브 채널 | '일빵빵' 검색

목차 | 일빵빵 왕초보 중국어 1
발음 연습 & 기본 동사 문장

중국어의
말, 글, 소리

중국의 표준어

중국은 56개가 넘는 민족들이 살아가고 있는 다민족 국가입니다. 그만큼 다양한 언어들과 방언들이 존재하며, 심지어 같은 중국인이라도 언어의 차이가 너무 심해서 대화가 통하지 않는 경우도 있습니다. 이러한 불편함을 해소하기 위해 중국에서는 중국 국민의 대다수를 차지하는 한족을 기준으로 표준어를 정하여 방송이나 교육 등에 사용하고 있으며, 이를 '보통화(普通话)'라고 합니다.

한 가지 더! 우리는 중국의 말(보통화)을 가리킬 때 '중국어'라고 하지만, 중국 내에서는 '한족의 말'이라고 하여 '한어(汉语)'라는 표현을 더 많이 사용합니다.

중국의 한자

누구나 알다시피 중국에서는 한자를 사용합니다. 우리나라에서도 중국만큼은 아니지만 어릴 때부터 한자를 많이 배우고 쓰다 보니 한자가 그리 낯설지 않죠. 그런데 중국에서 쓰는 한자를 처음 봤을 때 어색하게 느껴진 분들이 많을 겁니다. 우리가 쓰는 한자는 중국에서 왔지만, 현재 중국에서 통용되고 있는 한자는 기존의 한자를 간략하게 만든 '간체자'입니다. 간체자는 어려운 한자를 좀 더 쉬운 모양으로 바꾸어 쓰기 쉽게 만든 한자입니다. 우리가 쓰는 한자는 '번체자'라고 하며, 대만에서도 사용되는 한자입니다. 처음 봤을 때는 눈에 익지 않을 수도 있지만, 한자의 모양이 훨씬 간단하기 때문에 어렵지 않게 외울 수 있습니다.

번체자	간체자

중국어의 발음 표기

글자를 보고 바로 읽을 수 있는 한글이나 영어 알파벳과는 달리, 한자는 글자만 봐서는 어떻게 읽어야 할지 알 수 없습니다. 따라서 각 한자의 발음을 쉽게 알 수 있게 하기 위해, 중국에서는 알파벳을 이용하여 중국어의 발음을 표기하는 규칙을 만들었습니다. 이 규칙에 따라 한자 발음을 알파벳으로 표기한 것을 '병음'이라고 합니다. 병음은 알파벳을 그대로 사용하기 때문에 중국어를 모르는 사람도 쉽게 익힐 수 있다는 장점이 있습니다. 하지만 읽는 방법은 영어 단어를 읽는 방법과는 조금 다릅니다. 한 글자의 병음은 첫소리(성모)와 나머지 소리(운모), 음의 높낮이를 모두 나타내며, 병음을 읽는 방식은 이어지는 강의에서 자세하게 배울 수 있습니다.

三
석 삼

sān
성조
성모 운모

手
손 수

shǒu
성조
성모 운모

西
서녘 서

xī
성조
성모운모

중국어의 높낮이

중국어의 특징 중 하나는 단어마다 높낮이가 있다는 점입니다. 중국어의 높낮이는 크게 네 가지로, 높은 음, 높아지는 음, 낮아졌다가 높아지는 음, 낮아지는 음으로 나눌 수 있습니다. 중국어에서는 단어의 소리가 같더라도 음의 높낮이가 다르면 다른 뜻이 되기 때문에, 자음과 모음만큼이나 중요한 요소라고 할 수 있습니다. 이러한 중국어의 높낮이를 '성조'라고 합니다.

花
꽃 화

성조
huā

画
그림 화(畫)

성조
huà

猫
고양이 묘

성조
māo

毛
털 모

성조
máo

중국어의 문장

중국어 문장은 기본적으로 '주어 + 동사 + 목적어'의 순서로 만들어집니다. 목적어가 동사 앞에 나오는 우리말과는 달리, 오히려 영어의 어순과 비슷하지요. 예를 들어 보겠습니다.

我 爱 你
[나는] [사랑한다] [너를]

I love you
[나는] [사랑한다] [너를]

我 看 电视
[나는] [본다] [텔레비전을]

I watch TV
[나는] [본다] [텔레비전을]

우리가 1권에서 배울 기초 동사를 이용한 기본적인 문장들은 모두 위와 같은 '주어 + 동사 + 목적어'의 순서대로 만들어져 있습니다. 중국어의 기본 어순을 먼저 잘 익혀 두면, 이어지는 응용 문장들도 어렵지 않게 공부할 수 있습니다.

중국어 공부를 시작해 볼까요?

기초 중국어 발음 연습하기

일 빵 빵 왕 초 보 중 국 어

1강

모음(운모) 연습 1

a

[아]

입을 크게 벌리고 '아' 발음한다.

ai

[아이]

우리말의 '아이'와 비슷하지만, 앞의 '아'를 조금 더 강하게 발음한다.

ao

[아오]

우리말의 '아오'와 같이 발음한다.

an

[안]

우리말의 '안'과 같이 발음한다.

ang

[앙]

우리말의 '앙'과 같이 발음한다.

o

[오어]

입을 반쯤 벌리고 '오어' 발음한다.

중국어의 '운모'는 한국어나 영어에서의 '모음'과 비슷한 개념으로, 단어를 발음할 때 '성모'(첫소리)를 제외한 나머지 부분을 가리킵니다.

■ 한글 발음 위에 점이 찍혀 있는 것은 우리말에 없는 f, zh, ch, sh, r, ü 등의 발음들을 표시한 것입니다. 한글 발음을 그대로 읽은 것과 실제 발음에 차이가 있는 경우이므로, 주의하여 발음을 연습합시다. (강의 참조)

ou
[오우]
우리말의 '오우'와 같이 발음한다.

ong
[옹]
우리말의 '옹'과 같이 발음한다.

e
[으어]
입을 반쯤 벌리고 '으어' 발음한다.

ei
[에이]
우리말의 '에이'와 비슷하지만, 앞의 '에'를 조금 더 강하게 발음한다. '어이'로 읽지 않도록 주의한다.

en
[언]
우리말의 '언'과 같이 발음한다.

eng
[엉]
우리말의 '엉'과 같이 발음한다.

2강 | 모음(운모) 연습 2

er
[얼]

끝소리를 낼 때 혀끝을 살짝 말면서 우리말의 '얼'과 같이 발음한다.

i
[이]

입술을 좌우로 당기면서 '이' 발음한다.
앞에 자음이 없을 때는 'yi'로 쓴다.
s, z, c, sh, zh, ch 뒤에 올 때는 '으'로 발음한다.

ia
[이아]

우리말의 '이아'와 같이 발음한다.
앞에 자음이 없을 때는 'ya'로 쓴다.

ie
[이에]

우리말의 '이에'와 같이 발음한다.
앞에 자음이 없을 때는 'ye'로 쓴다.

iao
[이아오]

우리말의 '이아오'와 같이 발음한다.
앞에 자음이 없을 때는 'yao'로 쓴다.

iu
[이오우]

'이'와 '우' 사이에 약하게 '오' 소리가 나도록,
우리말의 '이오우'와 같이 발음한다.
앞에 자음이 없을 때는 'you'로 쓴다.

ian

[이엔]

우리말의 '이엔'과 같이 발음한다.
앞에 자음이 없을 때는 'yan'으로 쓴다.

in

[인]

우리말의 '인'과 같이 발음한다.
앞에 자음이 없을 때는 'yin'으로 쓴다.

iang

[이앙]

우리말의 '이앙'과 같이 발음한다.
앞에 자음이 없을 때는 'yang'으로 쓴다.

ing

[이응]

'이' 소리 다음에 약하게 '으' 소리가 나도록 '이응'
과 같이 발음한다.
앞에 자음이 없을 때는 'ying'으로 쓴다.

iong

[이옹]

우리말의 '이옹'과 같이 발음한다.
앞에 자음이 없을 때는 'yong'으로 쓴다.

u

[우]

입술을 작게 오므리면서 '우' 발음한다.
앞에 자음이 없을 때는 'wu'로 쓴다.

3강 모음(운모) 연습 3

ua
[우아]

우리말의 '우아'와 같이 발음한다.
앞에 자음이 없을 때는 'wa'로 쓴다.

uo
[우어]

우리말의 '우어'와 같이 발음한다.
앞에 자음이 없을 때는 'wo'로 쓴다.

uai
[우아이]

우리말의 '우아이'와 같이 발음한다.
앞에 자음이 없을 때는 'wai'로 쓴다.

ui
[우에이]

'u'와 'i' 사이에 'e(에)'가 생략되어서, 실제로 발음할 때는 약한 '에'가 들어가도록 '우에이'와 같이 발음한다. 앞에 자음이 없을 때는 'wei'로 쓴다.

uan
[우안]

우리말의 '우안'과 같이 발음한다.
앞에 자음이 없을 때는 'wan'으로 쓴다.

u(e)n
[우언]

우리말의 '우언'과 같이 발음한다.
앞에 자음이 있으면 'un'으로 쓰고, 자음이 없으면 'wen'으로 쓴다.

uang
[우앙]

우리말의 '우앙'과 같이 발음한다.
앞에 자음이 없을 때는 'wang'으로 쓴다.

weng
[웡]

우리말의 '웡'과 같이 발음한다.

ü
[위]

입술을 '우' 발음을 하듯이 오므리고 '이' 소리를 내면서 발음한다. 앞에 자음이 없을 때는 'yu'로 쓰고, j, q, x 뒤에 'ü'를 쓸 때에는 'u'로 바꿔 쓴다.

üe
[위에]

'위에'와 비슷하지만, '위' 발음을 할 때 입술을 오므리고 '이' 소리를 낸다.
앞에 자음이 없을 때는 'yue'로 쓰고, j, q, x 뒤에 'üe'를 쓸 때에는 'ue'로 바꿔 쓴다.

üan
[위엔]

'위엔'과 비슷하지만, '위'를 발음할 때 입술을 오므리고 '이' 소리를 낸다.
앞에 자음이 없을 때는 'yuan'으로 쓰고, j, q, x 뒤에 'üan'을 쓸 때에는 'uan'으로 바꿔 쓴다.

ün
[윈]

'윈'과 비슷하지만, '위'를 발음할 때 입술을 오므리고 '이' 소리를 낸다.
앞에 자음이 없을 때는 'yun'으로 쓰고, j, q, x 뒤에 'ün'을 쓸 때에는 'un'으로 바꿔 쓴다.

4강 자음(성모) 연습 1

B

bo [뽀어]

한글 'ㅃ' 또는 'ㅂ'과 비슷한 소리

P

po [포어]

한글 'ㅍ'과 비슷한 소리

M

mo [모어]

한글 'ㅁ'과 비슷한 소리

F

fo [포어]

앞니와 아랫입술을 붙였다 떼면서 내는 소리로, 영어 알파벳 'f'와 비슷한 소리 중국어의 '성모'는 한국어나 영어에서의 '자음'과 비슷한 개념으로, 단어를 발음할 때 첫소리 부분을 가리킵니다.

D
de [뜨어]

한글 'ㄸ' 또는 'ㄷ'과 비슷한 소리

T
te [트어]

한글 'ㅌ'과 비슷한 소리

N
ne [느어]

한글 'ㄴ'과 비슷한 소리

L
le [르어]

한글 'ㄹ'과 비슷한 소리

5강

자음(성모) 연습 2

G

ge [끄어]

한글 'ㄲ' 또는 'ㄱ'과 비슷하면서 목구멍 쪽에서 내는 소리

K

ke [크어]

한글 'ㅋ'과 비슷하면서 목구멍 쪽에서 내는 소리

H

he [흐어]

한글 'ㅎ'과 비슷하면서 목구멍 쪽에서 내는 소리

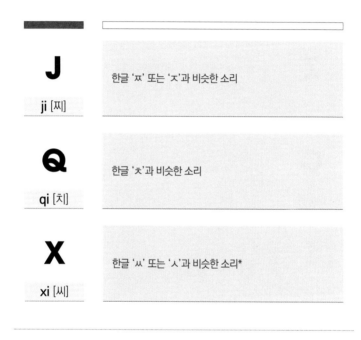

J ji [찌]	한글 'ㅉ' 또는 'ㅈ'과 비슷한 소리
Q qi [치]	한글 'ㅊ'과 비슷한 소리
X xi [씨]	한글 'ㅆ' 또는 'ㅅ'과 비슷한 소리*

*'x'와 's'는 둘 다 'ㅆ' 또는 'ㅅ' 소리와 비슷하지만 뒤에 붙는 모음(운모)가 다릅니다.

'x'를 쓰는 경우 – xi(씨), xia(씨아), xie(씨에), xiao(씨아오), xiu(씨오우)

xian(씨엔), xiang(씨앙), xiong(씨옹), xin(씬), xing(씽),

xu(쒸), xue(쒸에), xuan(쒸엔), xun(쒼)

6강 자음(성모) 연습 3

Z
zi [쯔]

한글 'ㅉ' 또는 'ㅈ'과 비슷하면서 윗니와 혀 사이에서 나오는 소리

C
ci [츠]

한글 'ㅊ'과 비슷하면서 윗니와 혀 사이에서 나오는 소리

S
si [쓰]

한글 'ㅆ' 또는 'ㅅ'과 비슷한 소리*

*'z'와 's'는 둘 다 'ㅆ' 또는 'ㅅ' 소리와 비슷하지만 뒤에 붙는 모음(운모)가 다릅니다.

's'를 쓰는 경우 – sa(싸), san(싼), sai(싸이), sao(싸오), sang(쌍),
se(쓰어), sen(썬), seng(씽), sou(쏘우), song(쏭),
si(쓰), su(쑤), suo(쑤어), suan(쑤안), sui(쑤에이), sun(쑨)

Zh
zhi [츠]

한글 'ㅉ' 또는 'ㅈ'과 비슷하면서 혀끝을 말고 내는 소리

Ch
chi [츠]

한글 'ㅊ'과 비슷하면서 혀끝을 말고 내는 소리

Sh
shi [스]

한글 'ㅅ'과 비슷하면서 혀끝을 말고 내는 소리

R
ri [르]

한글 'ㄹ'과 비슷하면서 혀끝을 말고 내는 소리

〈 복습강 〉

앞에서 배웠던 중국어의 자음(성모)과 모음(운모)을 조합하여
읽는 연습을 해 봅시다.

bu	[뿌]	fan	[판]
bie	[비에]	feng	[펑]
pao	[파오]	de	[뜨어]
ping	[핑]	duan	[두안]
mai	[마이]	tang	[탕]
mo	[모어]	tu	[투]

nei	[네이]	gua	[구아]
niao	[니아오]	kuai	[쿠아이]
li	[리]	huang	[후앙]
lin	[린]	jiu	[지오우]
lü	[뤼]	jiang	[지앙]
gen	[껀]	qian	[치엔]

qu	[취]	san	[싼]
xia	[씨아]	song	[쏭]
xing	[씽]	zhou	[죠우]
xue	[쉬에]	zhen	[쪈]
zou	[조우]	cha	[챠]
ci	[츠]	chu	[츄]

shuo [슈어]	wen [원]
shui [슈에이]	weng [웡]
rang [랑]	yan [이엔]
ruo [루어]	yong [이옹]
er [얼]	yuan [위엔]
wei [웨이]	yun [윈]

7강 성조 연습 : 1성, 2성

아-

1성 ā

처음부터 끝까지 높은 음으로 이어서 내는 소리.
소리의 높낮이 변화를 본따서 글자 위에 'ˉ' 모양으로
표기합니다.

병음	뜻
yī [이]	숫자 1
sān [싼]	숫자 3
qī [치]	숫자 7
bā [빠]	숫자 8

병음	뜻
shān [산]	산
huā [후아]	꽃
dōng [똥]	동쪽
xī [씨]	서쪽
jiā [찌아]	집
tā [타]	그, 그녀
qiān [치엔]	숫자 1,000
chūntiān [춘티엔]	봄

성조 연습 : 1성, 2성

2성 á

중간 음에서 높은 음으로 올라가는 소리.
소리의 높낮이 변화를 본따서 글자 위에 'ˊ' 모양으로
표기합니다.

병음	뜻
qián [치엔]	앞
nián [니엔]	년(年)
nán [난]	어렵다
mén [먼]	문

병음	뜻
chá [차]	차(茶)
niú [니오우]	소
lái [라이]	오다
shí [스]	숫자 10
xué [쉬에]	배우다
zhá [차]	튀기다
rén [런]	사람
Hánguó [한구어]	한국

8강 성조 연습 : 3성, 4성, 경성

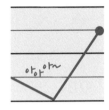

3성 ǎ

약간 낮은 중간 음에서 낮은 음으로 떨어졌다가 다시 올라가는 소리.
3성 글자가 연달아 나올 때에는 앞의 3성 글자를 2성으로 발음합니다.
소리의 높낮이 변화를 본따서 글자 위에 'ˇ' 모양으로 표기합니다.

병음	뜻
wǒ [워]	나
nǐ [니]	너
wǔ [우]	숫자 5
jiǔ [지오우]	숫자 9

병음	뜻
shǒu [쇼우]	손
mǎ [마]	말
běi [베이]	북쪽
bǎi [바이]	숫자 100
xuě [쉬에]	눈(雪)
shuǐguǒ [슈에이구어]	과일
shǒubiǎo [쇼우비아오]	손목시계
yǔsǎn [위산]	우산

성조 연습 : 3성, 4성, 경성

4성 [à]

높은 음에서 낮은 음으로 떨어지는 소리.
소리의 높낮이 변화를 본따서 글자 위에 'ˋ' 모양으로
표기합니다.

병음	뜻
cài [차이]	음식
èr [얼]	숫자 2
sì [쓰]	숫자 4
liù [리오우]	숫자 6

병음	뜻
xià [씨아]	아래
hòu [허우]	뒤
shì [스]	~이다
yuè [위에]	월(날짜)
hào [하오]	일(날짜)
yào [야오]	약
shàng [샹]	위(上)
diànshì [띠엔스]	텔레비전

성조 연습 : 3성, 4성, 경성

경성 a

높낮이가 없는 소리.
경성 발음에는 성조 기호 표시를 하지 않습니다.

병음	뜻
māma [마마]	엄마
míngzi [밍즈]	이름
péngyou [펑요우]	친구

- 성조 기호는 모음 부분에 표시하며, 여러 개의 모음이 같이 나올 때에는 아래와 같은 우선 순서에 따라 표시합니다.

a > o / e > i / u / ü

예 yuán, qiǎo, zhuō

- 'i', 'u'가 같이 있을 때에는 뒤에 있는 글자에 성조를 표시합니다.
예 jiǔ, shuǐ

- 'i'에 성조를 표시할 때에는 점(·)을 생략하고 그 자리에 성조를 표시합니다.
예 yī, lí, bǐ, sì

병음	뜻
jiějie [지에지에]	언니, 누나
nǎinai [나이나이]	할머니
bàba [빠바]	아빠

〈 복습강 〉

1성과 2성 단어들을 따라 읽으면서 연습해 봅시다.

병음	뜻
xī [씨]	서쪽
jiā [찌아]	집
tā [타]	그, 그녀
qiān [치엔]	숫자 1,000
chūntiān [츈티엔]	봄
gēge [끄어거]	형, 오빠

병음	뜻
shí [스]	숫자 10
xué [쉬에]	배우다
zhá [쟈]	튀기다
rén [런]	사람
Hánguó [한구어]	한국
érzi [얼즈]	아들

〈 복습강 〉

3성과 4성 단어들을 따라 읽으면서 연습해 봅시다.

병음	뜻
mǎ [마]	말
běi [베이]	북쪽
bǎi [바이]	숫자 100
xuě [쉬에]	눈(雪)
shǒubiǎo [쇼우비아오]	손목시계
wǒmen [워먼]	우리

병음	뜻
hào [하오]	일(날짜)
yào [야오]	약
yuè [위에]	월(날짜)
shàng [샹]	위(上)
diànshì [띠엔스]	텔레비전
mèimei [메이메이]	여동생

〈 복습강 〉

긴 단어들을 연습해 봅시다.

병음	뜻
kōngtiáo [콩티아오]	에어컨
xiāngshuǐ [씨앙슈에이]	향수
yīnyuè [인위에]	음악
máoyī [마오이]	스웨터
niúnǎi [니오우나이]	우유
wénzì [원쯔]	글자
bīngqílín [삥치린]	아이스크림

병음	뜻
túshūguǎn [투슈구안]	도서관
huǒchē [후어쳐]	기차
nǚ'ér [뉘얼]	딸
yǐnliào [인리아오]	음료
dàyī [따이]	외투
wèntí [원티]	문제
lìshǐ [리스]	역사
qiǎokèlì [치아오커리]	초콜릿
yùndòngfú [윈똥후]	운동복

── 〈 연습문제 〉────────────

병음에 성조를 표시해 봅시다.

1   ge (1성)

2   cha (2성)

3   wo (3성)

4   zhe (4성)

5   yi (1성)

6   tu (2성)

7   ni (3성)

8   qu (4성)

1 gē **2** chá **3** wǒ **4** zhè **5** yī **6** tú **7** nǐ **8** qù

알맞은 위치에 성조를 표시해 봅시다.

1 bao (3성)

2 lai (2성)

3 shou (3성)

4 fei (1성)

5 xia (1성)

6 jie (3성)

7 piao (4성)

8 niu (2성)

9 hua (1성)

10 zuo (4성)

11 kuai (4성)

12 xue (2성)

1 bǎo 2 lái 3 shǒu 4 fēi 5 xiā 6 jiě
7 piào 8 niú 9 huā 10 zuò 11 kuài 12 xué

기초 중국어 단어
연습하기

일빵빵왕초보중국어

중국어의 숫자 표현

중국어의 숫자 읽기

1. 중국어의 숫자는 우리나라에서 한자 숫자를 읽는 방법과 같이 읽습니다.

예문

1(일)	一	yī
11(십일)	十一	shí yī
20(이십)	二十	èr shí
35(삼십오)	三十五	sān shí wǔ

숫자 0은 '零(líng)'이라고 읽습니다.

2. 100(백), 1,000(천), 10,000(만) 등을 읽을 때에는 앞에 '一(숫자 1)'을 붙입니다.

예문

一百 yì bǎi

一千 yì qiān

一万 yí wàn

성조가 변하는 숫자 一(yī)

一(yī)는 기본적으로 1성이지만, 뒤에 오는 글자의 성조에 따라 바꿔 읽을 수 있습니다.

1. 뒤 글자가 1성·2성·3성일 때에는 4성(yì)으로 읽습니다.

예문
> 一张 yì zhāng (한 장)
>
> 一条 yì tiáo (한 줄기)
>
> 一本 yì běn (한 권)

2. 뒤 글자가 4성일 때에는 2성(yí)으로 읽습니다.

예문
> 一件 yí jiàn (한 벌)

3. 날짜나 순서를 나타낼 때에는 원래대로 1성(yī)으로 발음합니다.

예문
> 一月一日 yī yuè yī rì (1월 1일)
>
> 第一次 dì yī cì (맨 처음)

한자	병음	뜻
一	yī [이]	숫자 1
二	èr [얼]	숫자 2
三	sān [싼]	숫자 3
四	sì [쓰]	숫자 4
五	wǔ [우]	숫자 5
六	liù [리오우]	숫자 6
七	qī [치]	숫자 7

한자	병음	뜻
八	bā [빠]	숫자 8
九	jiǔ [지오우]	숫자 9
十	shí [스]	숫자 10
一百	yì bǎi [이바이]	숫자 100
一千	yì qiān [이치엔]	숫자 1,000
一万	yí wàn [이우안]	숫자 10,000
零	líng [링]	숫자 0

한자	병음	뜻
二十	èr shí [얼스]	숫자 20
三十	sān shí [싼스]	숫자 30
四十	sì shí [쓰스]	숫자 40
五十	wǔ shí [우스]	숫자 50
六十	liù shí [리오우스]	숫자 60
七十	qī shí [치스]	숫자 70
八十	bā shí [빠스]	숫자 80

한자	병음	뜻
九十	jiǔ shí [지오우스]	숫자 90
二百	èr bǎi [얼바이]	숫자 200
三百	sān bǎi [싼바이]	숫자 300
四千	sì qiān [쓰치엔]	숫자 4,000
五千	wǔ qiān [우치엔]	숫자 5,000
六万	liù wàn [리오우우안]	숫자 60,000
七万	qī wàn [치우안]	숫자 70,000

배운 단어 **연습**하기

빈칸에 우리말 뜻에 맞는 중국어 단어와 발음을 써 보고,
소리 내어 읽으면서 연습해 보세요.

一　　　　발음 :　　　　뜻 :

二　　　　발음 :　　　　뜻 :

三　　　　발음 :　　　　뜻 :

四　　　　발음 :　　　　뜻 :

五　　　　발음 :　　　　뜻 :

六　　　　발음 :　　　　뜻 :

七　　　　발음 :　　　　뜻 :

八　　　　　발음 :　　　　　뜻 :

八　八　八

九　　　　　발음 :　　　　　뜻 :

九　九　九

十　　　　　발음 :　　　　　뜻 :

十　十　十

一百　　　　발음 :　　　　　뜻 :

一百　一百　一百

一千　　　　발음 :　　　　　뜻 :

一千　一千　一千

一万　　　　발음 :　　　　　뜻 :

一万　一万　一万

零　　　　　발음 :　　　　　뜻 :

零　零　零

배운 단어 연습하기

빈칸에 우리말 뜻에 맞는 중국어 단어와 발음을 써 보고,
소리 내어 읽으면서 연습해 보세요.

二十   발음 :   뜻 :

二十 二十 二十

三十   발음 :   뜻 :

三十 三十 三十

四十   발음 :   뜻 :

四十 四十 四十

五十   발음 :   뜻 :

五十 五十 五十

六十   발음 :   뜻 :

六十 六十 六十

七十   발음 :   뜻 :

七十 七十 七十

八十   발음 :   뜻 :

八十 八十 八十

九十　발음:　　　뜻:

九十　九十　九十

二百　발음:　　　뜻:

二百　二百　二百

三百　발음:　　　뜻:

三百　三百　三百

四千　발음:　　　뜻:

四千　四千　四千

五千　발음:　　　뜻:

五千　五千　五千

六万　발음:　　　뜻:

六万　六万　六万

七万　발음:　　　뜻:

七万　七万　七万

10강   중국어의 날짜 표현

1. 중국어에서 날짜를 표현할 때에는 우리말과 같이 年(nián), 月(yuè), 日(rì)을 사용합니다. 단, 회화체에서는 日(rì) 대신 号(hào)를 씁니다.

예문

一月	yī yuè (1월)
十一月	shí yī yuè (11월)
一日	yī rì (1일)
二十号	èr shí hào (20일)

2. 연도를 표시할 때에는 각 자리의 숫자를 하나씩 읽습니다. 숫자 '0'은 零(líng) 또는 '〇'으로 표기합니다.

예문

| 一九九三年 | yī jiǔ jiǔ sān nián (1993년) |
| 二零一六年 | èr líng yī liù nián (2016년) |

한자	병음	뜻
年	nián [니엔]	년
月	yuè [위에]	월
日 / 号	rì [르] / hào [하오]	일
昨天	zuótiān [주어티엔]	어제
今天	jīntiān [찐티엔]	오늘
明天	míngtiān [밍티엔]	내일
去年	qùnián [취니엔]	작년
今年	jīnnián [찐니엔]	올해
明年	míngnián [밍니엔]	내년

한자	병음	뜻
一月	yī yuè [이위에]	1월
十一月	shí yī yuè [스이위에]	11월
一日	yī rì [이르]	1일
十一号	shí yī hào [스이하오]	11일
一九八二年	yī jiǔ bā èr nián [이지오우빠얼니엔]	1982년
一九九三年	yī jiǔ jiǔ sān nián [이지오우지오우싼니엔]	1993년
二零一六年	èr líng yī liù nián [얼링이리오우니엔]	2016년

빈칸에 우리말 뜻에 맞는 중국어 단어와 발음을 써 보고,
소리 내어 읽으면서 연습해 보세요.

年

발음 :   뜻 :

年　年　年

月

발음 :   뜻 :

月　月　月

号

발음 :   뜻 :

号　号　号

日

발음 :   뜻 :

日　日　日

배운 단어 **연습**하기

빈칸에 우리말 뜻에 맞는 중국어 단어와 발음을 써 보고,
소리 내어 읽으면서 연습해 보세요.

昨天　　　　　발음 :　　　　　뜻 :

昨天　昨天

今天　　　　　발음 :　　　　　뜻 :

今天　今天

明天　　　　　발음 :　　　　　뜻 :

明天　明天

去年　　　　　발음 :　　　　　뜻 :

去年　去年

今年　　　　　발음 :　　　　　뜻 :

今年　今年

明年　　　　　발음 :　　　　　뜻 :

明年　明年

一月　　　　발음 :　　　　　　뜻 :

一月　一月

十一月　　　발음 :　　　　　　뜻 :

十一月　十一月

一日　　　　발음 :　　　　　　뜻 :

一日　一日

十一号　　　발음 :　　　　　　뜻 :

十一号　十一号

一九八二年　발음 :　　　　　　뜻 :

一九八二年

一九九三年　발음 :　　　　　　뜻 :

一九九三年

二零一六年　발음 :　　　　　　뜻 :

二零一六年

11강 중국어의 요일 표현

중국어에서 요일을 표현할 때에는 '주(星期, xīngqī)'를 나타내는 단어 뒤에 요일 순서대로 숫자를 붙여서 표현합니다.

예문
星期一   xīngqīyī (월요일)

星期二   xīngqī'èr (화요일)

星期三   xīngqīsān (수요일)

단, '일요일'을 표현할 때에는 뒤에 '天(tiān)' 또는 '日(rì)'을 붙입니다.

예문
星期天   xīngqītiān (일요일)

星期日   xīngqīrì (일요일)

한자	병음	뜻
星期	xīngqī [씽치]	주
星期一	xīngqīyī [씽치이]	월요일
星期二	xīngqī'èr [씽치얼]	화요일
星期三	xīngqīsān [씽치싼]	수요일
星期四	xīngqīsì [씽치쓰]	목요일
星期五	xīngqīwǔ [씽치우]	금요일
星期六	xīngqīliù [씽치리오우]	토요일
星期天	xīngqītiān [씽치티엔]	일요일
星期日	xīngqīrì [씽치르]	일요일

배운 단어 **연습**하기

빈칸에 우리말 뜻에 맞는 중국어 단어와 발음을 써 보고,
소리 내어 읽으면서 연습해 보세요.

星期　　　　　발음 :　　　　　뜻 :

星期　星期

星期一　　　　발음 :　　　　　뜻 :

星期一　星期一

星期二　　　　발음 :　　　　　뜻 :

星期二　星期二

星期三　　　　발음 :　　　　　뜻 :

星期三　星期三

星期四　　　　발음 :　　　　　뜻 :

星期四　星期四

星期五　　　　발음 :　　　　　뜻 :

星期五　星期五

星期六　　　　발음：　　　　　뜻：

星期六　星期六

星期天　　　　발음：　　　　　뜻：

星期天　星期天

星期日　　　　발음：　　　　　뜻：

星期日　星期日

12강

가리키는 말

한자	병음	뜻
我	wǒ [워]	나
你	nǐ [니]	너
他	tā [타]	그
她	tā [타]	그녀
我们	wǒmen [워먼]	우리 * 사람을 가리키는 말 뒤에 '们'을 붙이면 복수 의미를 나타냅니다.
这	zhè [쪄]	이(것)
那	nà [나]	그(것)

빈칸에 우리말 뜻에 맞는 중국어 단어와 발음을 써 보고,
소리 내어 읽으면서 연습해 보세요.

我

발음 :   뜻 :

我　我　我

你

발음 :   뜻 :

你　你　你

他

발음 :   뜻 :

他　他　他

她

발음 :   뜻 :

她　她　她

我们

발음 :   뜻 :

我们　我们

这

발음 :   뜻 :

这　这　这

那

발음 :   뜻 :

那　那　那

〈 연습문제 〉

단어 익히기

빈칸에 알맞은 한자나 병음을 채워 봅시다.

1. 숫자

한자	병음	뜻
一	1	숫자 1
二	2	숫자 2
三	3	숫자 3
4	sì	숫자 4
5	wǔ	숫자 5
六	6	숫자 6
7	qī	숫자 7

1 yī 2 èr 3 sān 4 四 5 五 6 liù 7 七

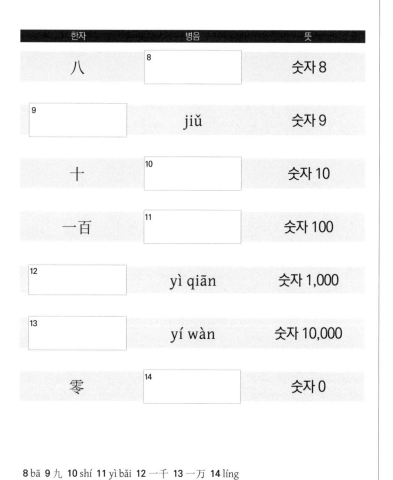

한자	병음	뜻
八	8	숫자 8
9	jiǔ	숫자 9
十	10	숫자 10
一百	11	숫자 100
12	yì qiān	숫자 1,000
13	yí wàn	숫자 10,000
零	14	숫자 0

8 bā 9 九 10 shí 11 yì bǎi 12 一千 13 一万 14 líng

─〈 연습문제 〉─────────────

2. 날짜

한자	병음	뜻
年	[1]	년
月	[2]	월
[3]	hào	일
日	[4]	일
昨天	[5]	어제
[6]	jīntiān	오늘
[7]	míngtiān	내일
[8]	qùnián	작년
今年	[9]	올해
明年	[10]	내년

1 nián 2 yuè 3 号 4 rì 5 zuótiān 6 今天 7 明天 8 去年 9 jīnnián 10 míngnián

3. 요일

한자	병음	뜻
星期一	[1]	월요일
[2]	xīngqī'èr	화요일
[3]	xīngqīsān	수요일
星期四	[4]	목요일
星期五	[5]	금요일
[6]	xīngqīliù	토요일
星期天	[7]	일요일
[8]	xīngqīrì	일요일

1 xīngqīyī 2 星期二 3 星期三 4 xīngqīsì
5 xīngqīwǔ 6 星期六 7 xīngqītiān 8 星期日

〈 연습문제 〉

4. 가리키는 말

한자	병음	뜻
我	1	나
2	nǐ	너
他	3	그
4	tā	그녀
5	wǒmen	우리
6	zhè	이(것)
那	7	저(것)

1 wǒ 2 你 3 tā 4 她 5 我们 6 这 7 nà

말하는 연습을 시작해 봅시다.

기초 중국어 문장 연습하기

13강 나는 학생이다

문장 구조

我 + 是 +
나는 ~이다

Wǒ [워]   **shì** [스]

단어 연습

学生	학생	老师	선생님
xuésheng	[쉬에셩]	lǎoshī	[라오스]

医生	의사	画家	화가
yīshēng	[이셩]	huàjiā	[후아찌아]

作家	작가	雨伞	우산
zuòjiā	[쭈어찌아]	yǔsǎn	[위산]

沙发	소파	桌子	탁자
shāfā	[샤파]	zhuōzi	[쮸어즈]

本子	공책	词典	사전
běnzi	[번즈]	cídiǎn	[츠디엔]

我 +	是 +	学生	학생이다
Wǒ [워]	shì	xuésheng	
你		老师	선생님이다
Nǐ [니]		lǎoshī	
他		医生	의사이다
Tā [타]		yīshēng	
她		画家	화가이다
Tā [타]		huàjiā	
		作家	작가이다
		zuòjiā	
这 +	是 +	雨伞	우산이다
Zhè [쩌]	shì	yǔsǎn	
那		沙发	소파이다
Nà [나]		shāfā	
		桌子	탁자이다
		zhuōzi	
		本子	공책이다
		běnzi	
		词典	사전이다
		cídiǎn	

문장듣고따라하기

我是学生。
Wǒ shì xuésheng.
나는 학생이다.

我是老师。
Wǒ shì lǎoshī.
나는 선생님이다.

我是医生。
Wǒ shì yīshēng.
나는 의사이다.

我是画家。
Wǒ shì huàjiā.
나는 화가이다.

我是作家。
Wǒ shì zuòjiā.
나는 작가이다.

你是学生。

Nǐ shì xuésheng.

너는 학생이다.

你是老师。

Nǐ shì lǎoshī.

너는 선생님이다.

你是医生。

Nǐ shì yīshēng.

너는 의사이다.

他是画家。

Tā shì huàjiā.

그는 화가이다.

她是作家。

Tā shì zuòjiā.

그녀는 작가이다.

문장듣고따라하기

这是雨伞。

Zhè shì yǔsǎn.

이것은 우산이다.

这是沙发。

Zhè shì shāfā.

이것은 소파이다.

这是桌子。

Zhè shì zhuōzi.

이것은 탁자이다.

这是本子。

Zhè shì běnzi.

이것은 공책이다.

这是词典。

Zhè shì cídiǎn.

이것은 사전이다.

那是雨伞。
Nà shì yǔsǎn.
그것은 우산이다.

那是沙发。
Nà shì shāfā.
그것은 소파이다.

那是桌子。
Nà shì zhuōzi.
그것은 탁자이다.

那是本子。
Nà shì běnzi.
그것은 공책이다.

那是词典。
Nà shì cídiǎn.
그것은 사전이다.

배운 문장 연습하기

빈칸에 우리말 뜻에 맞는 중국어 문장과 발음을 써 보고,
소리 내어 읽으면서 연습해 보세요.

01 나는 학생이다.

문장
쓰기

발음
쓰기 [   ]

02 나는 선생님이다.

[   ]

03 나는 의사이다.

[   ]

04 나는 화가이다.

[   ]

05 나는 작가이다.

[   ]

88

06   너는 학생이다.

문장
쓰기

발음
쓰기 [   ]

07   너는 선생님이다.

[   ]

08   너는 의사이다.

[   ]

09   그는 화가이다.

[   ]

10   그녀는 작가이다.

[   ]

01 나는 학생이다.

문장
쓰기
我是学生。

발음
쓰기
[Wǒ shì xuésheng.]

02 나는 선생님이다.

我是老师。

[Wǒ shì lǎoshī.]

03 나는 의사이다.

我是医生。

[Wǒ shì yīshēng.]

04 나는 화가이다.

我是画家。

[Wǒ shì huàjiā.]

05 나는 작가이다.

我是作家。

[Wǒ shì zuòjiā.]

너는 학생이다.

문장
쓰기
你是学生。

발음
쓰기
[Nǐ shì xuésheng.]

07 너는 선생님이다.

你是老师。

[Nǐ shì lǎoshī.]

08 너는 의사이다.

你是医生。

[Nǐ shì yīshēng.]

09 그는 화가이다.

他是画家。

[Tā shì huàjiā.]

10 그녀는 작가이다.

她是作家。

[Tā shì zuòjiā.]

11 이것은 우산이다.

문장
쓰기

발음
쓰기 [   ]

12 이것은 소파이다.

[   ]

13 이것은 탁자이다.

[   ]

14 이것은 공책이다.

[   ]

15 이것은 사전이다.

[   ]

16 그것은 우산이다.

문장
쓰기

발음
쓰기 [   ]

17 그것은 소파이다.

[   ]

18 그것은 탁자이다.

[   ]

19 그것은 공책이다.

[   ]

20 그것은 사전이다.

[   ]

11 이것은 우산이다.

这是雨伞。

[Zhè shì yǔsǎn.]

12 이것은 소파이다.

这是沙发。

[Zhè shì shāfā.]

13 이것은 탁자이다.

这是桌子。

[Zhè shì zhuōzi.]

14 이것은 공책이다.

这是本子。

[Zhè shì běnzi.]

15 이것은 사전이다.

这是词典。

[Zhè shì cídiǎn.]

16 그것은 우산이다.

那是雨伞。

[Nà shì yǔsǎn.]

17 그것은 소파이다.

那是沙发。

[Nà shì shāfā.]

18 그것은 탁자이다.

那是桌子。

[Nà shì zhuōzi.]

19 그것은 공책이다.

那是本子。

[Nà shì běnzi.]

20 그것은 사전이다.

那是词典。

[Nà shì cídiǎn.]

14강   너는 한국에 온다

문장 구조

你 + 来 + ☐
너는   오다

Nǐ [니]   **lái** [라이]

단어 연습

韩国	한국	中国	중국
Hánguó	[한구어]	Zhōngguó	[쯍구어]

日本	일본	美国	미국
Rìběn	[르번]	Měiguó	[메이구어]

英国	영국	德国	독일
Yīngguó	[잉구어]	Déguó	[드어구어]

法国	프랑스	首尔	서울
Fǎguó	[파구어]	Shǒu'ěr	[쇼우얼]

北京	베이징	上海	상하이
Běijīng	[베이찡]	Shànghǎi	[상하이]

你 + 来 +　韩国　한국에 온다
Nǐ [니]　lái　Hánguó

他　中国　중국에 온다
Tā [타]　Zhōngguó

她　日本　일본에 온다
Tā [타]　Rìběn

美国　미국에 온다
Měiguó

英国　영국에 온다
Yīngguó

德国　독일에 온다
Déguó

法国　프랑스에 온다
Fǎguó

首尔　서울에 온다
Shǒu'ěr

北京　베이징에 온다
Běijīng

上海　상하이에 온다
Shànghǎi

97

문장듣고따라하기

你来韩国。

Nǐ lái Hánguó.

너는 한국에 온다.

你来中国。

Nǐ lái Zhōngguó.

너는 중국에 온다.

你来日本。

Nǐ lái Rìběn.

너는 일본에 온다.

你来美国。

Nǐ lái Měiguó.

너는 미국에 온다.

你来英国。

Nǐ lái Yīngguó.

너는 영국에 온다.

你来德国。

Nǐ lái Déguó.

너는 독일에 온다.

你来法国。

Nǐ lái Fǎguó.

너는 프랑스에 온다.

你来首尔。

Nǐ lái Shǒu'ěr.

너는 서울에 온다.

你来北京。

Nǐ lái Běijīng.

너는 베이징에 온다.

你来上海。

Nǐ lái Shànghǎi.

너는 상하이에 온다.

문장듣고따라하기

他**来**韩国。

Tā lái Hánguó.

그는 한국에 온다.

他**来**中国。

Tā lái Zhōngguó.

그는 중국에 온다.

他**来**日本。

Tā lái Rìběn.

그는 일본에 온다.

他**来**美国。

Tā lái Měiguó.

그는 미국에 온다.

他**来**英国。

Tā lái Yīngguó.

그는 영국에 온다.

她来德国。

Tā lái Déguó.

그녀는 독일에 온다.

她来法国。

Tā lái Fǎguó.

그녀는 프랑스에 온다.

她来首尔。

Tā lái Shǒu'ěr.

그녀는 서울에 온다.

她来北京。

Tā lái Běijīng.

그녀는 베이징에 온다.

她来上海。

Tā lái Shànghǎi.

그녀는 상하이에 온다.

배운 문장 **연습**하기

빈칸에 우리말 뜻에 맞는 중국어 문장과 발음을 써 보고,
소리 내어 읽으면서 연습해 보세요.

01 너는 한국에 온다.

문장
쓰기

발음
쓰기 [   ]

02 너는 중국에 온다.

[   ]

03 너는 일본에 온다.

[   ]

04 너는 미국에 온다.

[   ]

05 너는 영국에 온다.

[   ]

06 너는 독일에 온다.

문장
쓰기

발음
쓰기 [   ]

07 너는 프랑스에 온다.

[   ]

08 너는 서울에 온다.

[   ]

09 너는 베이징에 온다.

[   ]

10 너는 상하이에 온다.

[   ]

01 너는 한국에 온다.

문장
쓰기   你来韩国。

발음
쓰기   [Nǐ lái Hánguó.   ]

02 너는 중국에 온다.

你来中国。

[Nǐ lái Zhōngguó.   ]

03 너는 일본에 온다.

你来日本。

[Nǐ lái Rìběn.   ]

04 너는 미국에 온다.

你来美国。

[Nǐ lái Měiguó.   ]

05 너는 영국에 온다.

你来英国。

[Nǐ lái Yīngguó.   ]

06 너는 독일에 온다.

문장
쓰기 你来德国。

발음
쓰기 [Nǐ lái Déguó.]

07 너는 프랑스에 온다.

你来法国。

[Nǐ lái Fǎguó.]

08 너는 서울에 온다.

你来首尔。

[Nǐ lái Shǒu'ěr.]

09 너는 베이징에 온다.

你来北京。

[Nǐ lái Běijīng.]

10 너는 상하이에 온다.

你来上海。

[Nǐ lái Shànghǎi.]

11 그는 한국에 온다.

문장
쓰기

발음
쓰기 [   ]

12 그는 중국에 온다.

[   ]

13 그는 일본에 온다.

[   ]

14 그는 미국에 온다.

[   ]

15 그는 영국에 온다.

[   ]

16 그녀는 독일에 온다.

문장
쓰기

발음
쓰기 [   ]

17 그녀는 프랑스에 온다.

[   ]

18 그녀는 서울에 온다.

[   ]

19 그녀는 베이징에 온다.

[   ]

20 그녀는 상하이에 온다.

[   ]

11 그는 한국에 온다.

문장
쓰기
他来韩国。

발음
쓰기
[Tā lái Hánguó.]

12 그는 중국에 온다.

他来中国。

[Tā lái Zhōngguó.]

13 그는 일본에 온다.

他来日本。

[Tā lái Rìběn.]

14 그는 미국에 온다.

他来美国。

[Tā lái Měiguó.]

15 그는 영국에 온다.

他来英国。

[Tā lái Yīngguó.]

16 그녀는 독일에 온다.

문장
쓰기 她来德国。

발음
쓰기 [Tā lái Déguó.   ]

17 그녀는 프랑스에 온다.

她来法国。

[Tā lái Fǎguó.   ]

18 그녀는 서울에 온다.

她来首尔。

[Tā lái Shǒu'ěr.   ]

19 그녀는 베이징에 온다.

她来北京。

[Tā lái Běijīng.   ]

20 그녀는 상하이에 온다.

她来上海。

[Tā lái Shànghǎi.   ]

15강 — 나는 여행 간다

문장 구조

我 + 去 + [   ]
나는   가다

Wǒ [워]   qù [취]

단어 연습

旅游	여행	学校	학교
lǚyóu	[뤼요우]	xuéxiào	[쉬에씨아오]
图书馆	도서관	医院	병원
túshūguǎn	[투슈구안]	yīyuàn	[이위엔]
邮局	우체국	商店	상점
yóujú	[요우쥐]	shāngdiàn	[샹띠엔]
银行	은행	饭店	음식점
yínháng	[인항]	fàndiàn	[판띠엔]
市场	시장	超市	슈퍼마켓
shìchǎng	[스창]	chāoshì	[차오스]

我 + 去 +	旅游 lǚyóu	여행 간다
Wǒ [워]		
你 Nǐ [니]	学校 xuéxiào	학교에 간다
他 Tā [타]	图书馆 túshūguǎn	도서관에 간다
她 Tā [타]	医院 yīyuàn	병원에 간다
我们 Wǒmen [워먼]	邮局 yóujú	우체국에 간다
	商店 shāngdiàn	상점에 간다
	银行 yínháng	은행에 간다
	饭店 fàndiàn	음식점에 간다
	市场 shìchǎng	시장에 간다
	超市 chāoshì	슈퍼마켓에 간다

문장듣고따라하기

我去旅游。
Wǒ qù lǚyóu.
나는 여행 간다.

我去学校。
Wǒ qù xuéxiào.
나는 학교에 간다.

我去图书馆。
Wǒ qù túshūguǎn.
나는 도서관에 간다.

我去医院。
Wǒ qù yīyuàn.
나는 병원에 간다.

我去邮局。
Wǒ qù yóujú.
나는 우체국에 간다.

我去商店。

Wǒ qù shāngdiàn.

나는 상점에 간다.

我去银行。

Wǒ qù yínháng.

나는 은행에 간다.

我去饭店。

Wǒ qù fàndiàn.

나는 음식점에 간다.

我去市场。

Wǒ qù shìchǎng.

나는 시장에 간다.

我去超市。

Wǒ qù chāoshì.

나는 슈퍼마켓에 간다.

문장듣고따라하기

你去旅游。

Nǐ qù lǚyóu.

너는 여행 간다.

你去学校。

Nǐ qù xuéxiào.

너는 학교에 간다.

你去图书馆。

Nǐ qù túshūguǎn.

너는 도서관에 간다.

你去医院。

Nǐ qù yīyuàn.

너는 병원에 간다.

他去邮局。

Tā qù yóujú.

그는 우체국에 간다.

他去商店。

Tā qù shāngdiàn.

그는 상점에 간다.

她去银行。

Tā qù yínháng.

그녀는 은행에 간다.

她去饭店。

Tā qù fàndiàn.

그녀는 음식점에 간다.

我们去市场。

Wǒmen qù shìchǎng.

우리는 시장에 간다.

我们去超市。

Wǒmen qù chāoshì.

우리는 슈퍼마켓에 간다.

배운 문장 **연습**하기

빈칸에 우리말 뜻에 맞는 중국어 문장과 발음을 써 보고,
소리 내어 읽으면서 연습해 보세요.

01 나는 여행 간다.

문장
쓰기

발음
쓰기 [   ]

02 나는 학교에 간다.

[   ]

03 나는 도서관에 간다.

[   ]

04 나는 병원에 간다.

[   ]

05 나는 우체국에 간다.

[   ]

06 나는 상점에 간다.

문장
쓰기

발음
쓰기 [   ]

07 나는 은행에 간다.

[   ]

08 나는 음식점에 간다.

[   ]

09 나는 시장에 간다.

[   ]

10 나는 슈퍼마켓에 간다.

[   ]

117

01 나는 여행 간다.

문장
쓰기   我去旅游。

발음
쓰기   [Wǒ qù lǚyóu.]

02 나는 학교에 간다.

我去学校。

[Wǒ qù xuéxiào.]

03 나는 도서관에 간다.

我去图书馆。

[Wǒ qù túshūguǎn.]

04 나는 병원에 간다.

我去医院。

[Wǒ qù yīyuàn.]

05 나는 우체국에 간다.

我去邮局。

[Wǒ qù yóujú.]

06 나는 상점에 간다.

문장
쓰기 我去商店。

발음
쓰기 [Wǒ qù shāngdiàn.]

07 나는 은행에 간다.

我去银行。

[Wǒ qù yínháng.]

08 나는 음식점에 간다.

我去饭店。

[Wǒ qù fàndiàn.]

09 나는 시장에 간다.

我去市场。

[Wǒ qù shìchǎng.]

10 나는 슈퍼마켓에 간다.

我去超市。

[Wǒ qù chāoshì.]

11 너는 여행 간다.

문장
쓰기

발음
쓰기 [   ]

12 너는 학교에 간다.

[   ]

13 너는 도서관에 간다.

[   ]

14 너는 병원에 간다.

[   ]

15 그는 우체국에 간다.

[   ]

16 그는 상점에 간다.

문장
쓰기

발음
쓰기 [   ]

17 그녀는 은행에 간다.

[   ]

18 그녀는 음식점에 간다.

[   ]

19 우리는 시장에 간다.

[   ]

20 우리는 슈퍼마켓에 간다.

[   ]

11 너는 여행 간다.

문장
쓰기
你去旅游。

발음
쓰기
[Nǐ qù lǚyóu.]

12 너는 학교에 간다.

你去学校。

[Nǐ qù xuéxiào.]

13 너는 도서관에 간다.

你去图书馆。

[Nǐ qù túshūguǎn.]

14 너는 병원에 간다.

你去医院。

[Nǐ qù yīyuàn.]

15 그는 우체국에 간다.

他去邮局。

[Tā qù yóujú.]

16 그는 상점에 간다.

他去商店。

[Tā qù shāngdiàn.]

17 그녀는 은행에 간다.

她去银行。

[Tā qù yínháng.]

18 그녀는 음식점에 간다.

她去饭店。

[Tā qù fàndiàn.]

19 우리는 시장에 간다.

我们去市场。

[Wǒmen qù shìchǎng.]

20 우리는 슈퍼마켓에 간다.

我们去超市。

[Wǒmen qù chāoshì.]

16강 나는 집에 있다

문장 구조

我 + 在 + [　　　]

나는 ~에 있다

Wǒ [워]　**zài** [짜이]

단어 연습

家	집	外边	밖
jiā	[찌아]	wàibian	[와이비엔]

宿舍	기숙사	办公室	사무실
sùshè	[쑤셔]	bàngōngshì	[빤꽁스]

公司	회사	地铁站	지하철역
gōngsī	[꽁쓰]	dìtiězhàn	[띠티에쨘]

公园	공원	动物园	동물원
gōngyuán	[꽁위엔]	dòngwùyuán	[똥우위엔]

咖啡厅	카페	餐厅	음식점
kāfēitīng	[카페이팅]	cāntīng	[찬팅]

我 Wǒ [워]	+ 在 + zài	家 jiā	집에 있다
		外边 wàibian	밖에 있다
你 Nǐ [니]		宿舍 sùshè	기숙사에 있다
他 Tā [타]		办公室 bàngōngshì	사무실에 있다
她 Tā [타]		公司 gōngsī	회사에 있다
我们 Wǒmen [워먼]		地铁站 dìtiězhàn	지하철역에 있다
		公园 gōngyuán	공원에 있다
		动物园 dòngwùyuán	동물원에 있다
		咖啡厅 kāfēitīng	카페에 있다
		餐厅 cāntīng	음식점에 있다

문장듣고따라하기

我在家。

Wǒ zài jiā.

나는 집에 있다.

我在外边。

Wǒ zài wàibian.

나는 밖에 있다.

我在宿舍。

Wǒ zài sùshè.

나는 기숙사에 있다.

我在办公室。

Wǒ zài bàngōngshì.

나는 사무실에 있다.

我在公司。

Wǒ zài gōngsī.

나는 회사에 있다.

我在地铁站。
Wǒ zài dìtiězhàn.
나는 지하철역에 있다.

我在公园。
Wǒ zài gōngyuán.
나는 공원에 있다.

我在动物园。
Wǒ zài dòngwùyuán.
나는 동물원에 있다.

我在咖啡厅。
Wǒ zài kāfēitīng.
나는 카페에 있다.

我在餐厅。
Wǒ zài cāntīng.
나는 음식점에 있다.

문장듣고따라하기

你在家。
Nǐ zài jiā.
너는 집에 있다.

你在外边。
Nǐ zài wàibian.
너는 밖에 있다.

你在宿舍。
Nǐ zài sùshè.
너는 기숙사에 있다.

你在办公室。
Nǐ zài bàngōngshì.
너는 사무실에 있다.

他在公司。
Tā zài gōngsī.
그는 회사에 있다.

他在地铁站。

Tā zài dìtiězhàn.

그는 지하철역에 있다.

她在公园。

Tā zài gōngyuán.

그녀는 공원에 있다.

她在动物园。

Tā zài dòngwùyuán.

그녀는 동물원에 있다.

我们在咖啡厅。

Wǒmen zài kāfēitīng.

우리는 카페에 있다.

我们在餐厅。

Wǒmen zài cāntīng.

우리는 음식점에 있다.

배운 문장 연습하기

빈칸에 우리말 뜻에 맞는 중국어 문장과 발음을 써 보고,
소리 내어 읽으면서 연습해 보세요.

01 나는 집에 있다.

문장
쓰기

발음
쓰기 [   ]

02 나는 밖에 있다.

[   ]

03 나는 기숙사에 있다.

[   ]

04 나는 사무실에 있다.

[   ]

05 나는 회사에 있다.

[   ]

06 나는 지하철역에 있다.

문장
쓰기

발음
쓰기 [   ]

07 나는 공원에 있다.

[   ]

08 나는 동물원에 있다.

[   ]

09 나는 카페에 있다.

[   ]

10 나는 음식점에 있다.

[   ]

01 나는 집에 있다.

문장 쓰기
我在家。

발음 쓰기
[Wǒ zài jiā.]

02 나는 밖에 있다.

我在外边。

[Wǒ zài wàibian.]

03 나는 기숙사에 있다.

我在宿舍。

[Wǒ zài sùshè.]

04 나는 사무실에 있다.

我在办公室。

[Wǒ zài bàngōngshì.]

05 나는 회사에 있다.

我在公司。

[Wǒ zài gōngsī.]

나는 지하철역에 있다.

문장
쓰기 我在地铁站。

발음
쓰기 [Wǒ zài dìtiězhàn.]

07 나는 공원에 있다.

我在公园。

[Wǒ zài gōngyuán.]

08 나는 동물원에 있다.

我在动物园。

[Wǒ zài dòngwùyuán.]

09 나는 카페에 있다.

我在咖啡厅。

[Wǒ zài kāfēitīng.]

10 나는 음식점에 있다.

我在餐厅。

[Wǒ zài cāntīng.]

11 너는 집에 있다.

문장
쓰기

발음
쓰기 [　　　　　　　　　　　　　　　　　　　　　　　　]

12 너는 밖에 있다.

[　　　　　　　　　　　　　　　　　　　　　　　　]

13 너는 기숙사에 있다.

[　　　　　　　　　　　　　　　　　　　　　　　　]

14 너는 사무실에 있다.

[　　　　　　　　　　　　　　　　　　　　　　　　]

15 그는 회사에 있다.

[　　　　　　　　　　　　　　　　　　　　　　　　]

16 그는 지하철역에 있다.

[   ]

17 그녀는 공원에 있다.

[   ]

18 그녀는 동물원에 있다.

[   ]

19 우리는 카페에 있다.

[   ]

20 우리는 음식점에 있다.

[   ]

11 너는 집에 있다.

문장
쓰기
你在家。

발음
쓰기
[Nǐ zài jiā.]

12 너는 밖에 있다.

你在外边。

[Nǐ zài wàibian.]

13 너는 기숙사에 있다.

你在宿舍。

[Nǐ zài sùshè.]

14 너는 사무실에 있다.

你在办公室。

[Nǐ zài bàngōngshì.]

15 그는 회사에 있다.

他在公司。

[Tā zài gōngsī.]

16 그는 지하철역에 있다.

문장
쓰기 他在地铁站。

발음
쓰기 [Tā zài dìtiězhàn.]

17 그녀는 공원에 있다.

她在公园。

[Tā zài gōngyuán.]

18 그녀는 동물원에 있다.

她在动物园。

[Tā zài dòngwùyuán.]

19 우리는 카페에 있다.

我们在咖啡厅。

[Wǒmen zài kāfēitīng.]

20 우리는 음식점에 있다.

我们在餐厅。

[Wǒmen zài cāntīng.]

〈 복습강 〉

단어 복습

빈칸에 알맞은 한자나 병음을 채워 봅시다.

1	2	~이다
学生	3	학생
4	lǎoshī	선생님
5	yīshēng	의사
本子	6	공책
7	cídiǎn	사전

1 是 2 shì 3 xuésheng 4 老师 5 医生 6 běnzi 7 词典

138

8	9	오다
韩国	10	한국
中国	11	중국
日本	12	일본
13	Shǒu'ěr	서울
北京	14	베이징

8 来 9 lái 10 Hánguó 11 Zhōngguó 12 Rìběn 13 首尔 14 Běijīng

〈 복습강 〉

1	2	가다
旅游	3	여행
学校	4	학교
5	túshūguǎn	도서관
医院	6	병원
7	shāngdiàn	상점

1 去 2 qù 3 lǚyóu 4 xuéxiào 5 图书馆 6 yīyuàn 7 商店

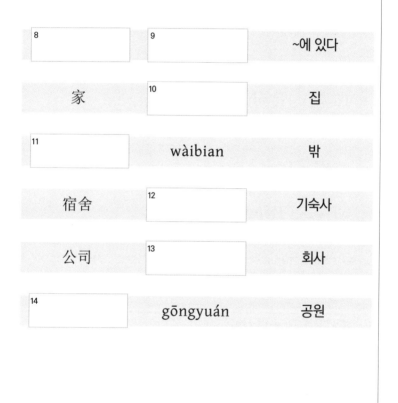

8	9	~에 있다
家	10	집
11	wàibian	밖
宿舍	12	기숙사
公司	13	회사
14	gōngyuán	공원

8 在 **9** zài **10** jiā **11** 外边 **12** sùshè **13** gōngsī **14** 公园

⟨ 복습강 ⟩

정답

这 ☐ 桌子。

Zhè ☐ zhuōzi.

이것은 탁자이다.

是, shì

他 ☐ 饭店。

Tā ☐ fàndiàn.

그는 음식점에 간다.

去, qù

你 ☐ 韩国。

Nǐ ☐ Hánguó.

너는 한국에 온다.

来, lái

他 ☐ 学校。

Tā ☐ xuéxiào.

그는 학교에 간다.

去, qù

我 ☐ 学生。

Wǒ ☐ xuésheng.

나는 학생이다.

是, shì

她 ☐ 公司。

Tā ___ gōngsī.

그녀는 회사에 있다.

在, zài

你 ☐ 上海。

Nǐ ___ Shànghǎi.

너는 상하이에 온다.

来, lái

那 ☐ 词典。

Nà ___ cídiǎn.

그것은 사전이다.

是, shì

我 ☐ 画家。

Wǒ ___ huàjiā.

나는 화가이다.

是, shì

她 ☐ 咖啡厅。

Tā ___ kāfēitīng.

그녀는 카페에 있다.

在, zài

143

17강
나는 책을 본다
나는 소리를 듣는다

문장구조

我 + 看 + ▯
나는　보다
Wǒ [워]　kàn [칸]

我 + 听 + ▯
나는　듣다
Wǒ [워]　tīng [팅]

단어연습

书	책	报纸	신문
shū	[슈]	bàozhǐ	[빠오즈]
电影	영화	电视	텔레비전
diànyǐng	[띠엔이응]	diànshì	[디엔스]
杂志	잡지	风景	풍경
zázhì	[자즈]	fēngjǐng	[펑징]
病	병	声音	소리
bìng	[삥]	shēngyīn	[성인]
音乐	음악	课	수업
yīnyuè	[인위에]	kè	[크어]

我 Wǒ [워]	+ 看 + kàn	书 shū	책을 본다
你 Nǐ [니]		报纸 bàozhǐ	신문을 본다
他 Tā [타]		电影 diànyǐng	영화를 본다
她 Tā [타]		电视 diànshì	텔레비전을 본다
我们 Wǒmen [워먼]		杂志 zázhì	잡지를 본다
		风景 fēngjǐng	풍경을 본다
		病 bìng	진찰한다
	+ 听 + tīng	声音 shēngyīn	소리를 듣는다
		音乐 yīnyuè	음악을 듣는다
		课 kè	수업을 듣는다

문장듣고따라하기

我看书。
Wǒ kàn shū.
나는 책을 본다.

我看报纸。
Wǒ kàn bàozhǐ.
나는 신문을 본다.

我看电影。
Wǒ kàn diànyǐng.
나는 영화를 본다.

我看电视。
Wǒ kàn diànshì.
나는 텔레비전을 본다.

我看杂志。
Wǒ kàn zázhì.
나는 잡지를 본다.

我看风景。

Wǒ kàn fēngjǐng.

나는 풍경을 본다.

我看病。

Wǒ kàn bìng.

나는 진찰한다.

我听声音。

Wǒ tīng shēngyīn.

나는 소리를 듣는다.

我听音乐。

Wǒ tīng yīnyuè.

나는 음악을 듣는다.

我听课。

Wǒ tīng kè.

나는 수업을 듣는다.

문장듣고따라하기

你看书。
Nǐ kàn shū.
너는 책을 본다.

你看报纸。
Nǐ kàn bàozhǐ.
너는 신문을 본다.

你看电影。
Nǐ kàn diànyǐng.
너는 영화를 본다.

你看电视。
Nǐ kàn diànshì.
너는 텔레비전을 본다.

他看杂志。
Tā kàn zázhì.
그는 잡지를 본다.

他看风景。

Tā kàn fēngjǐng.

그는 풍경을 본다.

她看病。

Tā kàn bìng.

그녀는 진찰한다.

她听声音。

Tā tīng shēngyīn.

그녀는 소리를 듣는다.

我们听音乐。

Wǒmen tīng yīnyuè.

우리는 음악을 듣는다.

我们听课。

Wǒmen tīng kè.

우리는 수업을 듣는다.

배운 문장 **연습**하기

빈칸에 우리말 뜻에 맞는 중국어 문장과 발음을 써 보고,
소리 내어 읽으면서 연습해 보세요.

01 나는 책을 본다.

문장
쓰기

발음
쓰기 [   ]

02 나는 신문을 본다.

[   ]

03 나는 영화를 본다.

[   ]

04 나는 텔레비전을 본다.

[   ]

05 나는 잡지를 본다.

[   ]

06 나는 풍경을 본다.

문장
쓰기

발음
쓰기 [   ]

07 나는 진찰한다.

[   ]

08 나는 소리를 듣는다.

[   ]

09 나는 음악을 듣는다.

[   ]

10 나는 수업을 듣는다.

[   ]

01 나는 책을 본다.

문장
쓰기 我看书。

발음
쓰기 [Wǒ kàn shū.]

02 나는 신문을 본다.

我看报纸。

[Wǒ kàn bàozhǐ.]

03 나는 영화를 본다.

我看电影。

[Wǒ kàn diànyǐng.]

04 나는 텔레비전을 본다.

我看电视。

[Wǒ kàn diànshì.]

05 나는 잡지를 본다.

我看杂志。

[Wǒ kàn zázhì.]

06 나는 풍경을 본다.

문장
쓰기
我看风景。

발음
쓰기
[Wǒ kàn fēngjǐng.   ]

07 나는 진찰한다.

我看病。

[Wǒ kàn bìng.   ]

08 나는 소리를 듣는다.

我听声音。

[Wǒ tīng shēngyīn.   ]

09 나는 음악을 듣는다.

我听音乐。

[Wǒ tīng yīnyuè.   ]

10 나는 수업을 듣는다.

我听课。

[Wǒ tīng kè.   ]

11 너는 책을 본다.

문장
쓰기

발음
쓰기 [   ]

12 너는 신문을 본다.

[   ]

13 너는 영화를 본다.

[   ]

14 너는 텔레비전을 본다.

[   ]

15 그는 잡지를 본다.

[   ]

16 그는 풍경을 본다.

문장
쓰기

발음
쓰기 [   ]

17 그녀는 진찰한다.

[   ]

18 그녀는 소리를 듣는다.

[   ]

19 우리는 음악을 듣는다.

[   ]

20 우리는 수업을 듣는다.

[   ]

155

11 너는 책을 본다.

_{문장
쓰기} 你看书。

_{발음
쓰기} [Nǐ kàn shū.]

12 너는 신문을 본다.

你看报纸。

[Nǐ kàn bàozhǐ.]

13 너는 영화를 본다.

你看电影。

[Nǐ kàn diànyǐng.]

14 너는 텔레비전을 본다.

你看电视。

[Nǐ kàn diànshì.]

15 그는 잡지를 본다.

他看杂志。

[Tā kàn zázhì.]

16 그는 풍경을 본다.

他看风景。

[Tā kàn fēngjǐng.]

17 그녀는 진찰한다.

她看病。

[Tā kàn bìng.]

18 그녀는 소리를 듣는다.

她听声音。

[Tā tīng shēngyīn.]

19 우리는 음악을 듣는다.

我们听音乐。

[Wǒmen tīng yīnyuè.]

20 우리는 수업을 듣는다.

我们听课。

[Wǒmen tīng kè.]

18강	나는 친구가 있다

문장 구조

我 + 有 + ☐
나는　　있다

Wǒ [워]　**yǒu** [요우]

단어 연습

朋友	친구	男朋友	남자 친구
péngyou	[펑요우]	nánpéngyou	[난펑요우]

女朋友	여자 친구	钱	돈
nǚpéngyou	[뉘펑요우]	qián	[치엔]

家人	가족	儿子	아들
jiārén	[찌아런]	érzi	[얼즈]

女儿	딸	时间	시간
nǚér	[뉘얼]	shíjiān	[스찌엔]

行李	짐	护照	여권
xíngli	[씽리]	hùzhào	[후쟈오]

158

		朋友 péngyou	친구가 있다
我 Wǒ [워]	+ 有 + yǒu	男朋友 nánpéngyou	남자 친구가 있다
你 Nǐ [니]		女朋友 nǚpéngyou	여자 친구가 있다
他 Tā [타]		钱 qián	돈이 있다
她 Tā [타]		家人 jiārén	가족이 있다
我们 Wǒmen [워먼]		儿子 érzi	아들이 있다
		女儿 nǚ'ér	딸이 있다
		时间 shíjiān	시간이 있다
		行李 xíngli	짐이 있다
		护照 hùzhào	여권이 있다

문장듣고따라하기

我有朋友。

Wǒ yǒu péngyou.

나는 친구가 있다.

我有男朋友。

Wǒ yǒu nánpéngyou.

나는 남자 친구가 있다.

我有女朋友。

Wǒ yǒu nǚpéngyou.

나는 여자 친구가 있다.

我有钱。

Wǒ yǒu qián.

나는 돈이 있다.

我有家人。

Wǒ yǒu jiārén.

나는 가족이 있다.

我有儿子。
Wǒ yǒu érzi.
나는 아들이 있다.

我有女儿。
Wǒ yǒu nǚ'ér.
나는 딸이 있다.

我有时间。
Wǒ yǒu shíjiān.
나는 시간이 있다.

我有行李。
Wǒ yǒu xíngli.
나는 짐이 있다.

我有护照。
Wǒ yǒu hùzhào.
나는 여권이 있다.

문장듣고따라하기

你有朋友。

Nǐ yǒu péngyou.

너는 친구가 있다.

你有男朋友。

Nǐ yǒu nánpéngyou.

너는 남자 친구가 있다.

你有女朋友。

Nǐ yǒu nǚpéngyou.

너는 여자 친구가 있다.

你有钱。

Nǐ yǒu qián.

너는 돈이 있다.

他有家人。

Tā yǒu jiārén.

그는 가족이 있다.

他有儿子。
Tā yǒu érzi.
그는 아들이 있다.

她有女儿。
Tā yǒu nǚ'ér.
그녀는 딸이 있다.

她有时间。
Tā yǒu shíjiān.
그녀는 시간이 있다.

我们有行李。
Wǒmen yǒu xíngli.
우리는 짐이 있다.

我们有护照。
Wǒmen yǒu hùzhào.
우리는 여권이 있다.

배운 문장 **연습**하기

빈칸에 우리말 뜻에 맞는 중국어 문장과 발음을 써 보고,
소리 내어 읽으면서 연습해 보세요.

01 나는 친구가 있다.

문장
쓰기

발음
쓰기 [   ]

02 나는 남자 친구가 있다.

[   ]

03 나는 여자 친구가 있다.

[   ]

04 나는 돈이 있다.

[   ]

05 나는 가족이 있다.

[   ]

06 나는 아들이 있다.

[   ]

07 나는 딸이 있다.

[   ]

08 나는 시간이 있다.

[   ]

09 나는 짐이 있다.

[   ]

10 나는 여권이 있다.

[   ]

01 나는 친구가 있다.

문장
쓰기 我有朋友。

발음
쓰기 [Wǒ yǒu péngyou.]

02 나는 남자 친구가 있다.

我有男朋友。

[Wǒ yǒu nánpéngyou.]

03 나는 여자 친구가 있다.

我有女朋友。

[Wǒ yǒu nǚpéngyou.]

04 나는 돈이 있다.

我有钱。

[Wǒ yǒu qián.]

05 나는 가족이 있다.

我有家人。

[Wǒ yǒu jiārén.]

06 나는 아들이 있다.

문장
쓰기 我有儿子。

발음
쓰기 [Wǒ yǒu érzi.]

07 나는 딸이 있다.

我有女儿。

[Wǒ yǒu nǚ'ér.]

08 나는 시간이 있다.

我有时间。

[Wǒ yǒu shíjiān.]

09 나는 짐이 있다.

我有行李。

[Wǒ yǒu xíngli.]

10 나는 여권이 있다.

我有护照。

[Wǒ yǒu hùzhào.]

11 너는 친구가 있다.

문장
쓰기

발음
쓰기 [   ]

12 너는 남자 친구가 있다.

[   ]

13 너는 여자 친구가 있다.

[   ]

14 너는 돈이 있다.

[   ]

15 그는 가족이 있다.

[   ]

16 그는 아들이 있다.

문장
쓰기

발음
쓰기 [   ]

17 그녀는 딸이 있다.

[   ]

18 그녀는 시간이 있다.

[   ]

19 우리는 짐이 있다.

[   ]

20 우리는 여권이 있다.

[   ]

11 너는 친구가 있다.

문장
쓰기 你有朋友。

발음
쓰기 [Nǐ yǒu péngyou.]

12 너는 남자 친구가 있다.

你有男朋友。

[Nǐ yǒu nánpéngyou.]

13 너는 여자 친구가 있다.

你有女朋友。

[Nǐ yǒu nǚpéngyou.]

14 너는 돈이 있다.

你有钱。

[Nǐ yǒu qián.]

15 그는 가족이 있다.

他有家人。

[Tā yǒu jiārén.]

16 그는 아들이 있다.

문장
쓰기 他有儿子。

발음
쓰기 [Tā yǒu érzi.]

17 그녀는 딸이 있다.

她有女儿。

[Tā yǒu nǚ'ér.]

18 그녀는 시간이 있다.

她有时间。

[Tā yǒu shíjiān.]

19 우리는 짐이 있다.

我们有行李。

[Wǒmen yǒu xíngli.]

20 우리는 여권이 있다.

我们有护照。

[Wǒmen yǒu hùzhào.]

19강 나는 밥을 먹는다
나는 물을 마신다

문장구조

我 + 吃 + ☐	我 + 喝 + ☐
나는 먹다	나는 마시다
Wǒ [워] chī [츠]	Wǒ [워] hē [흐어]

단어연습

饭	밥	水果	과일
fàn	[판]	shuǐguǒ	[슈에이구어]

面包	빵	药	약
miànbāo	[미엔빠오]	yào	[야오]

月饼	월병	水	물
yuèbing	[위에빙]	shuǐ	[슈에이]

牛奶	우유	咖啡	커피
niúnǎi	[니오우나이]	kāfēi	[카페이]

茶	차	酒	술
chá	[챠]	jiǔ	[지오우]

我 Wǒ [워]	+ 吃 + chī	饭 fàn	밥을 먹는다
你 Nǐ [니]		水果 shuǐguǒ	과일을 먹는다
他 Tā [타]		面包 miànbāo	빵을 먹는다
她 Tā [타]		药 yào	약을 먹는다
我们 Wǒmen [워먼]		月饼 yuèbing	월병을 먹는다
	+ 喝 + hē	水 shuǐ	물을 마신다
		牛奶 niúnǎi	우유를 마신다
		咖啡 kāfēi	커피를 마신다
		茶 chá	차를 마신다
		酒 jiǔ	술을 마신다

문장듣고따라하기

我吃饭。
Wǒ chī fàn.
나는 밥을 먹는다.

我吃水果。
Wǒ chī shuǐguǒ.
나는 과일을 먹는다.

我吃面包。
Wǒ chī miànbāo.
나는 빵을 먹는다.

我吃药。
Wǒ chī yào.
나는 약을 먹는다.

我吃月饼。
Wǒ chī yuèbing.
나는 월병을 먹는다.

我喝水。

Wǒ hē shuǐ.

나는 물을 마신다.

我喝牛奶。

Wǒ hē niúnǎi.

나는 우유를 마신다.

我喝咖啡。

Wǒ hē kāfēi.

나는 커피를 마신다.

我喝茶。

Wǒ hē chá.

나는 차를 마신다.

我喝酒。

Wǒ hē jiǔ.

나는 술을 마신다.

문장듣고따라하기

你吃饭。
Nǐ chī fàn.
너는 밥을 먹는다.

你吃水果。
Nǐ chī shuǐguǒ.
너는 과일을 먹는다.

他吃面包。
Tā chī miànbāo.
그는 빵을 먹는다.

她吃药。
Tā chī yào.
그녀는 약을 먹는다.

我们吃月饼。
Wǒmen chī yuèbing.
우리는 월병을 먹는다.

你喝水。

Nǐ hē shuǐ.

너는 물을 마신다.

你喝牛奶。

Nǐ hē niúnǎi.

너는 우유를 마신다.

他喝咖啡。

Tā hē kāfēi.

그는 커피를 마신다.

她喝茶。

Tā hē chá.

그녀는 차를 마신다.

我们喝酒。

Wǒmen hē jiǔ.

우리는 술을 마신다.

배운 문장 **연습**하기

빈칸에 우리말 뜻에 맞는 중국어 문장과 발음을 써 보고,
소리 내어 읽으면서 연습해 보세요.

01 나는 밥을 먹는다.

문장
쓰기

발음
쓰기 [   ]

02 나는 과일을 먹는다.

[   ]

03 나는 빵을 먹는다.

[   ]

04 나는 약을 먹는다.

[   ]

05 나는 월병을 먹는다.

[   ]

06 나는 물을 마신다.

문장
쓰기

발음
쓰기 [   ]

07 나는 우유를 마신다.

[   ]

08 나는 커피를 마신다.

[   ]

09 나는 차를 마신다.

[   ]

10 나는 술을 마신다.

[   ]

01 나는 밥을 먹는다.

문장
쓰기   我吃饭。

발음
쓰기   [Wǒ chī fàn.   ]

02 나는 과일을 먹는다.

我吃水果。

[Wǒ chī shuǐguǒ.   ]

03 나는 빵을 먹는다.

我吃面包。

[Wǒ chī miànbāo.   ]

04 나는 약을 먹는다.

我吃药。

[Wǒ chī yào.   ]

05 나는 월병을 먹는다.

我吃月饼。

[Wǒ chī yuèbing.   ]

06 나는 물을 마신다.

문장
쓰기 我喝水。

발음
쓰기 [Wǒ hē shuǐ.]

07 나는 우유를 마신다.

我喝牛奶。

[Wǒ hē niúnǎi.]

08 나는 커피를 마신다.

我喝咖啡。

[Wǒ hē kāfēi.]

09 나는 차를 마신다.

我喝茶。

[Wǒ hē chá.]

10 나는 술을 마신다.

我喝酒。

[Wǒ hē jiǔ.]

11 너는 밥을 먹는다.

문장
쓰기

발음
쓰기 [   ]

12 너는 과일을 먹는다.

[   ]

13 그는 빵을 먹는다.

[   ]

14 그녀는 약을 먹는다.

[   ]

15 우리는 월병을 먹는다.

[   ]

16 너는 물을 마신다.

문장
쓰기

발음
쓰기 [   ]

17 너는 우유를 마신다.

[   ]

18 그는 커피를 마신다.

[   ]

19 그녀는 차를 마신다.

[   ]

20 우리는 술을 마신다.

[   ]

11 너는 밥을 먹는다.

문장
쓰기 你吃饭。

발음
쓰기 [Nǐ chī fàn.]

12 너는 과일을 먹는다.

你吃水果。

[Nǐ chī shuǐguǒ.]

13 그는 빵을 먹는다.

他吃面包。

[Tā chī miànbāo.]

14 그녀는 약을 먹는다.

她吃药。

[Tā chī yào.]

15 우리는 월병을 먹는다.

我们吃月饼。

[Wǒmen chī yuèbing.]

16 너는 물을 마신다.

문장
쓰기 你喝水。

발음
쓰기 [Nǐ hē shuǐ.]

17 너는 우유를 마신다.

你喝牛奶。

[Nǐ hē niúnǎi.]

18 그는 커피를 마신다.

他喝咖啡。

[Tā hē kāfēi.]

19 그녀는 차를 마신다.

她喝茶。

[Tā hē chá.]

20 우리는 술을 마신다.

我们喝酒。

[Wǒmen hē jiǔ.]

20강

나는 봄을 좋아한다
나는 아빠를 사랑한다

문장구조

我 + 喜欢 + ☐
나는　좋아하다
Wǒ [워]　xǐhuan [씨후안]

我 + 爱 + ☐
나는　사랑하다
Wǒ [워]　ài [아이]

단어연습

春天	봄	夏天	여름
chūntiān	[춘티엔]	xiàtiān	[씨아티엔]
秋天	가을	冬天	겨울
qiūtiān	[치오우티엔]	dōngtiān	[똥티엔]
爸爸	아빠	妈妈	엄마
bàba	[빠바]	māma	[마마]
哥哥	형, 오빠	姐姐	언니, 누나
gēge	[끄어거]	jiějie	[지에지에]
弟弟	남동생	妹妹	여동생
dìdi	[띠디]	mèimei	[메이메이]

我 + 喜欢 + Wǒ [워] xǐhuan	春天 chūntiān	봄을 좋아한다
你 Nǐ [니]	夏天 xiàtiān	여름을 좋아한다
他 Tā [타]	秋天 qiūtiān	가을을 좋아한다
她 Tā [타]	冬天 dōngtiān	겨울을 좋아한다
我们 + 爱 + Wǒmen ài [워먼]	爸爸 bàba	아빠를 사랑한다
	妈妈 māma	엄마를 사랑한다
	哥哥 gēge	형(오빠)을 사랑한다
	姐姐 jiějie	언니(누나)를 사랑한다
	弟弟 dìdi	남동생을 사랑한다
	妹妹 mèimei	여동생을 사랑한다

문장듣고따라하기

我喜欢春天。
Wǒ xǐhuan chūntiān.
나는 봄을 좋아한다.

我喜欢夏天。
Wǒ xǐhuan xiàtiān.
나는 여름을 좋아한다.

我喜欢秋天。
Wǒ xǐhuan qiūtiān.
나는 가을을 좋아한다.

我喜欢冬天。
Wǒ xǐhuan dōngtiān.
나는 겨울을 좋아한다.

我爱爸爸。
Wǒ ài bàba.
나는 아빠를 사랑한다.

我爱妈妈。

Wǒ ài māma.

나는 엄마를 사랑한다.

我爱哥哥。

Wǒ ài gēge.

나는 형(오빠)을 사랑한다.

我爱姐姐。

Wǒ ài jiějie.

나는 언니(누나)를 사랑한다.

我爱弟弟。

Wǒ ài dìdi.

나는 남동생을 사랑한다.

我爱妹妹。

Wǒ ài mèimei.

나는 여동생을 사랑한다.

문장듣고따라하기

你喜欢春天。

Nǐ xǐhuan chūntiān.

너는 봄을 좋아한다.

他喜欢夏天。

Tā xǐhuan xiàtiān.

그는 여름을 좋아한다.

她喜欢秋天。

Tā xǐhuan qiūtiān.

그녀는 가을을 좋아한다.

我们喜欢冬天。

Wǒmen xǐhuan dōngtiān.

우리는 겨울을 좋아한다.

你爱爸爸。

Nǐ ài bàba.

너는 아빠를 사랑한다.

你爱妈妈。

Nǐ ài māma.

너는 엄마를 사랑한다.

你爱哥哥。

Nǐ ài gēge.

너는 형(오빠)을 사랑한다.

他爱姐姐。

Tā ài jiějie.

그는 누나를 사랑한다.

她爱弟弟。

Tā ài dìdi.

그녀는 남동생을 사랑한다.

我们爱妹妹。

Wǒmen ài mèimei.

우리는 여동생을 사랑한다.

배운 문장 연습하기

빈칸에 우리말 뜻에 맞는 중국어 문장과 발음을 써 보고,
소리 내어 읽으면서 연습해 보세요.

01 나는 봄을 좋아한다.

문장
쓰기

발음
쓰기 [   ]

02 나는 여름을 좋아한다.

[   ]

03 나는 가을을 좋아한다.

[   ]

04 나는 겨울을 좋아한다.

[   ]

05 나는 아빠를 사랑한다.

[   ]

06 나는 엄마를 사랑한다.

문장
쓰기

발음
쓰기 [   ]

07 나는 오빠를 사랑한다.

[   ]

08 나는 언니를 사랑한다.

[   ]

09 나는 남동생을 사랑한다.

[   ]

10 나는 여동생을 사랑한다.

[   ]

01 나는 봄을 좋아한다.

문장
쓰기   我喜欢春天。

발음
쓰기   [Wǒ xǐhuan chūntiān.]

02 나는 여름을 좋아한다.

我喜欢夏天。

[Wǒ xǐhuan xiàtiān.]

03 나는 가을을 좋아한다.

我喜欢秋天。

[Wǒ xǐhuan qiūtiān.]

04 나는 겨울을 좋아한다.

我喜欢冬天。

[Wǒ xǐhuan dōngtiān.]

05 나는 아빠를 사랑한다.

我爱爸爸。

[Wǒ ài bàba.]

06 나는 엄마를 사랑한다.

문장
쓰기 我爱妈妈。

발음
쓰기 [Wǒ ài māma.]

07 나는 오빠를 사랑한다.

我爱哥哥。

[Wǒ ài gēge.]

08 나는 언니를 사랑한다.

我爱姐姐。

[Wǒ ài jiějie.]

09 나는 남동생을 사랑한다.

我爱弟弟。

[Wǒ ài dìdi.]

10 나는 여동생을 사랑한다.

我爱妹妹。

[Wǒ ài mèimei.]

11 너는 봄을 좋아한다.

문장
쓰기

발음
쓰기 [   ]

12 그는 여름을 좋아한다.

[   ]

13 그녀는 가을을 좋아한다.

[   ]

14 우리는 겨울을 좋아한다.

[   ]

15 너는 아빠를 사랑한다.

[   ]

16 너는 엄마를 사랑한다.

문장
쓰기

발음
쓰기 [   ]

17 너는 형(오빠)을 사랑한다.

[   ]

18 그는 누나를 사랑한다.

[   ]

19 그녀는 남동생을 사랑한다.

[   ]

20 우리는 여동생을 사랑한다.

[   ]

11 너는 봄을 좋아한다.

문장
쓰기 你喜欢春天。

발음
쓰기 [Nǐ xǐhuan chūntiān.]

12 그는 여름을 좋아한다.

他喜欢夏天。

[Tā xǐhuan xiàtiān.]

13 그녀는 가을을 좋아한다.

她喜欢秋天。

[Tā xǐhuan qiūtiān.]

14 우리는 겨울을 좋아한다.

我们喜欢冬天。

[Wǒmen xǐhuan dōngtiān.]

15 너는 아빠를 사랑한다.

你爱爸爸。

[Nǐ ài bàba.]

16 너는 엄마를 사랑한다.

문장
쓰기 你爱妈妈。

발음
쓰기 [Nǐ ài māma.]

17 너는 형(오빠)을 사랑한다.

你爱哥哥。

[Nǐ ài gēge.]

18 그는 누나를 사랑한다.

他爱姐姐。

[Tā ài jiějie.]

19 그녀는 남동생을 사랑한다.

她爱弟弟。

[Tā ài dìdi.]

20 우리는 여동생을 사랑한다.

我们爱妹妹。

[Wǒmen ài mèimei.]

〈 복습강 〉

단어 복습

빈칸에 알맞은 한자나 병음을 채워 봅시다.

1	2	보다

3	4	듣다

书	5	책

6	diànyǐng	영화

风景	7	풍경

音乐	8	음악

9	kè	수업

1 看 2 kàn 3 听 4 tīng 5 shū 6 电影 7 fēngjǐng 8 yīnyuè 9 课

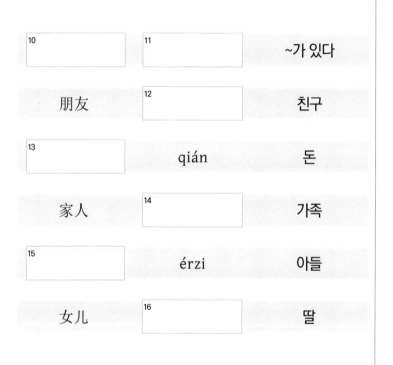

10	11	~가 있다
朋友	12	친구
13	qián	돈
家人	14	가족
15	érzi	아들
女儿	16	딸

10 有 11 yǒu 12 péngyou 13 钱 14 jiārén 15 儿子 16 nǚ'ér

〈 복습강 〉

1	2	먹다

3	4	마시다

5	fàn	밥

水果	6	과일

水	7	물

茶	8	차

1 吃 2 chī 3 喝 4 hē 5 饭 6 shuǐguǒ 7 shuǐ 8 chá

9	10	좋아하다
11	12	사랑하다
爸爸	13	아빠
14	māma	엄마
哥哥	15	형, 오빠
姐姐	16	언니, 누나
17	dìdi	남동생
18	mèimei	여동생

9 喜欢 10 xǐhuan 11 爱 12 ài 13 bàba 14 妈妈 15 gēge 16 jiějie 17 弟弟 18 妹妹

〈 복습강 〉

정답

她 ☐ 饭。

Tā ▢ fàn.

그녀는 밥을 먹는다.

吃, chī

你 ☐ 音乐。

Nǐ ▢ yīnyuè.

너는 음악을 듣는다.

听, tīng

他 ☐ 儿子。

Tā ▢ érzi.

그는 아들이 있다.

有, yǒu

我们 ☐ 姐姐。

Wǒmen ▢ jiějie.

우리는 언니(누나)를 사랑한다.

爱, ài

我 ☐ 电视。

Wǒ ▢ diànshì.

나는 텔레비전을 본다.

看, kàn

我 ☐ 报纸。

Wǒ ___ bàozhǐ.

나는 신문을 본다.

我们 ☐ 夏天。

Wǒmen ___ xiàtiān.

우리는 여름을 좋아한다.

他 ☐ 朋友。

Tā ___ péngyou.

그는 친구가 있다.

她 ☐ 茶。

Tā ___ chá.

그녀는 차를 마신다.

你 ☐ 课。

Nǐ ___ kè.

너는 수업을 듣는다.

정답